O PERFIL DO LÍDER CRISTÃO DO SÉCULO XXI

Nouwen, Henri J. M.
O Perfil do Líder Cristão do Século XXI / Henri J. M. Nouwen; [tradução de Wilson Rosa Filho]. Curitiba, PR : Editora Atos, 2018.
64 páginas
Tradução de *In the Name of Jesus: Reflections on Christian Leadership.*
ISBN: 978-85-7607-167-9
1. Cristianismo.   2. Intimidade com Deus.   I. Título
CDD: 212.1
CDU: 231.11

Copyright © 1989 by Henri J. M. Nouwen
Publicado originalmente nos EUA por:
The Crossroad Publishing Company
370 Lexington Avenue, New York, N.Y. 10017 - EUA

Copyright©2017 por Editora Atos
Todos os direitos reservados

Coordenação editorial
Manoel Menezes

Capa
Leandro Schuques

1ª Edição – Junho de 2002 / 2ª Edição – Outubro de 2002
3ª Edição – Setembro de 2015 / 4ª Edição – Setembro de 2018
5ª Edição – Abril de 2024

Nenhuma parte deste livro pode ser reproduzida, arquivada ou transmitida por qualquer meio – eletrônico, mecânico, fotocópias, etc. – sem a devida permissão dos editores, podendo ser usada apenas para citações breves.

Publicado com a devida autorização e com todos os direitos reservados pela EDITORA ATOS LTDA

Atos

www.editoraatos.com.br

Prólogo

Quando o meu amigo Murray Mcdonnell visitou-me na *Comunidade Daybreak* (Amanhecer), perto de Toronto (no Canadá), me perguntou se eu estaria disposto a falar sobre Liderança Cristã no Século XXI por ocasião do 15º aniversário do *Centro de Desenvolvimento Humano*, em Washington D.C.

Embora eu tivesse começado há pouco o meu trabalho como capelão na *Comunidade Daybreak*, uma das comunidades *L'Arche* para deficientes mentais, não quis desapontar Murray que, como presidente do *Centro*, havia dedicado muito do seu tempo e energia para o seu crescimento.

Eu também conhecia Vincent Dwyer, o fundador do *Centro*, e tinha uma grande admiração por sua dedicação em ajudar ministros na sua busca pela saúde emocional e espiritual. Por isso respondi: "sim".

Mas, depois de ter dito "sim" para o convite, percebi que não ia ser nada fácil me apresentar lá com uma perspectiva sensata sobre a liderança cristã no século por vir.

A audiência seria composta, na sua maioria, por pessoas que já estavam, profundamente envolvidas em ministrar para os seus colegas no ministério. O que eu poderia dizer àqueles que pensam, dia após dia, sobre o futuro da liderança e do ministério na Igreja? Eu também me perguntei como seria possível prever o futuro, além do final deste século, se ninguém nos anos 50 conseguiu prever a situação da maioria dos líderes de hoje?

Entretanto, quanto mais eu dizia para mim mesmo: "Eu não posso fazer isto", mais descobria em mim um desejo de colocar os meus pensamentos sobre o ministério em palavras, pois os meus conceitos já tinham se desenvolvido bastante desde o meu ingresso na *Comunidade Amanhecer*. Por muitos anos dei cursos sobre como ministrar.

Agora, tendo me afastado da vida acadêmica para este chamado de ser capelão para deficientes mentais e seus assistentes, eu me perguntei: "Como devo viver o meu dia a dia, depois de ter falado por 20 anos a jovens que se preparavam para o ministério? O que penso agora a respeito do meu ministério e como estes pensamentos afetam as minhas palavras e ações cotidianas?"

Também cheguei a compreender que não deveria me preocupar com o amanhã, com a próxima semana, com o próximo ano ou com o próximo século. Quanto mais disposição tivesse para examinar honestamente o que estava pensando, dizendo e fazendo no momento, mais facilmente entraria em contato com o mover do Espírito de Deus em mim, guiando-me para o futuro.

Deus é um Deus do presente e Ele revela àqueles que realmente querem discernir o tempo atual os passos que devem tomar em direção ao futuro. "Não se preocupe com o amanhã", disse Jesus; "porque o dia de amanhã cuidará de si mesmo. Basta a cada dia o seu mal" (Mt 6.34).

Com estes pensamentos comecei a escrever o que sentia mais profundamente sobre a minha vida presente na *Comunidade Amanhecer*, tentando, cuidadosamente, discernir quais

Prólogo

das minhas próprias experiências e percepções deveria falar a líderes e ministros que vivem em circunstâncias bem diferentes. Este livro é o resultado.

Porém, antes de concluir estes comentários, devo dizer aos que lerem este livro que não fui para Washington D.C. sozinho. Enquanto preparava a minha apresentação, tornei-me profundamente consciente do fato de que Jesus não enviou os seus discípulos sozinhos para pregar a Palavra. Ele os enviou dois a dois.

Comecei a me perguntar por que ninguém tinha a intenção de ir comigo. Se a minha vida é, verdadeiramente, uma vida entre deficientes mentais, por que não pedir a um deles para unir-se a mim na jornada e compartilhar o ministério comigo?

Depois de algumas consultas, a *Comunidade Amanhecer* decidiu enviar Bill Van Buren comigo. Desde a minha chegada à *Comunidade*, Bill e eu havíamos nos tornado bons amigos. De todos os deficientes mentais na casa, ele era o mais capaz de expressar-se com palavras e gestos.

Desde o início de nossa amizade, ele mostrou um verdadeiro interesse em meu trabalho e ofereceu-se para me ajudar durantes as reuniões. Um dia, ele expressou um forte desejo de pertencer à igreja. Sugeri que participasse de uma classe especial para aqueles que desejavam se batizar. Fielmente, ele ia às reuniões toda quinta-feira à noite.

Muito embora as longas e frequentemente complexas palestras e discussões estivessem muito além de suas capacidades mentais, ele tinha um sentimento real de pertencer ao grupo. Ele se sentiu aceito e amado. Ele recebeu muito, e com o seu coração generoso, deu muito em troca. Mesmo limitado em sua habilidade de se expressar com muitas palavras, ele se sentia profundamente tocado por Jesus, e sabia o que significava ser renascido da água e do Espírito Santo.

Frequentemente, eu dizia a Bill que aqueles que são batizados têm uma nova vocação, a vocação de proclamar aos outros as Boas Novas de Jesus. Bill me ouvia atenciosamente, e quando o convidei para ir comigo a Washington D.C. para falar, ele aceitou isto como um convite para unir-se a mim em meu ministério.

"Nós estamos fazendo isto juntos", ele dizia por diversas vezes durante os dias anteriores à viagem. "Sim", eu sempre respondia, "nós estamos fazendo isto juntos. Você e eu vamos a Washington proclamar o Evangelho".

Bill, nem por um instante, duvidou da veracidade disto. Enquanto estava bastante inseguro sobre o que dizer e como dizê-lo, Bill demonstrava grande confiança na sua tarefa.

Enquanto eu ainda pensava que levar Bill comigo nesta viagem seria, basicamente, uma coisa boa somente para ele, Bill, desde o início, estava convencido que ia me ajudar.

Mais tarde, vim a compreender que ele estava mais certo do que eu. Quando embarcamos no avião, em Toronto, Bill lembrou-me mais uma vez: "Nós estamos fazendo isto juntos, não estamos?" "Sim, Bill", eu disse, "nós realmente estamos".

Depois de relatar o que eu falei em Washington, contarei com mais detalhes o que aconteceu, e explicarei por que a presença de Bill, muito provavelmente, teve uma influência mais durável do que as minhas palavras.

Sumário

Prólogo 3
Introdução 9
PARTE I – Da Relevância à Oração 13
Capítulo 1 – A Tentação: Causar Impacto 15
Capítulo 2 – A Pergunta: "Você me Ama?" 21
Capítulo 3 – A Disciplina: Oração 25
PARTE II – Da Popularidade ao Ministério 29
Capítulo 1 – A Tentação: Ser Espetacular 31
Capítulo 2 – A Tarefa: "Apascenta as minhas Ovelhas" ... 35
Capítulo 3 – A Disciplina: Confissão e Perdão 39
PARTE II – De Líder a Liderado 43
Capítulo 1 – A Tentação: Ser Poderoso 45
Capítulo 2 – O Desafio: "Outro o Conduzirá" 49
Capítulo 3 – Reflexão Teológica 53
Conclusão 57
Epílogo 59

Introdução

O pedido para refletir sobre a liderança cristã no próximo século gerou muita ansiedade em mim. O que posso dizer sobre o próximo século se eu me sinto perdido até quando as pessoas me perguntam sobre o próximo mês?

Depois de muito tumulto interior, decidi permanecer o máximo possível em sintonia com o meu próprio coração. Perguntei a mim mesmo: "Que decisões você tem tomado ultimamente, e o que elas revelam sobre a sua maneira de entender o futuro?"

De alguma forma, tenho que acreditar que Deus está trabalhando em mim, e que a maneira em que estou sendo conduzido a novos posicionamentos interiores e exteriores faz parte de um mover muito maior, do qual sou apenas uma parte muito pequena.

Depois de 20 anos no mundo acadêmico como professor de psicologia pastoral, teologia pastoral e espiritualidade cristã, comecei a sentir uma profunda ameaça interior. Quando entrei na casa dos 50 anos, e reconheci a improbabilidade de dobrar a minha idade, eu me vi face a face com uma simples questão: "O fato de estar ficando velho tem me aproximado mais de Jesus?"

Depois de 25 anos de ministério, descobri que ainda tinha uma vida pobre de oração, que vivia um tanto isoladamente das outras pessoas e me preocupava muito com questões polêmicas atuais. Todos diziam que eu realmente estava agindo muito bem, mas alguma coisa dentro de mim me dizia que o meu sucesso colocava a minha alma em perigo.

Comecei a me perguntar se a minha falta de oração, a minha solidão e a minha constante mudança de envolvimento para aquilo que parecia mais urgente no momento, eram sinais de que o Espírito Santo estava sendo, pouco a pouco, sufocado.

Era muito difícil para eu ver isto claramente e, embora não falasse muito sobre o inferno, um dia acordei com a sensação de que eu estava vivendo num lugar muito escuro, e que os termos "em crise" e "estafa" eram uma tradução psicológica conveniente para a morte espiritual.

No meio disto eu orava: "Senhor, mostra-me onde queres que eu vá e te seguirei. Mas, por favor, sê claro e objetivo sobre isto!" Bem, Deus foi. Na pessoa de Jean Vanier, o fundador das comunidades *L'Arche* para deficientes mentais, Deus disse: "Vá e viva entre os pobres de espírito e eles o curarão".

A chamada foi tão clara e nítida que eu não tive escolha a não ser segui-la. Por isso, mudei-me de Harvard para *L'Arche*, dos melhores e mais brilhantes homens e mulheres que pretendiam governar o mundo, para homens e mulheres que tinham pouca ou nenhuma capacidade de falar e que eram considerados, no máximo, como inconsequentes para as necessidades de nossa sociedade.

Foi muito difícil e doloroso fazer esta mudança, e ainda estou no meio do processo. Depois de viver 20 anos com liberdade para ir aonde quisesse e para discutir o que eu escolhesse, uma vida insignificante e escondida em meio a pessoas cujas mentes e corpos avariados exigem uma rotina diária rigorosa, em que as palavras são o que menos contam, não me parecia ser a solução para quem está em crise espiritual.

No entanto, a minha nova vida na *L'Arche* está me oferecendo novas palavras para usar ao falar sobre liderança cristã no futuro, porque lá encontrei todos os desafios que enfrentamos como ministros da Palavra de Deus.

Portanto, oferecerei aqui algumas imagens da minha vida com pessoas deficientes mentais. Espero que elas lhe deem algumas noções da direção a tomar quando estiver procurando o rumo da liderança cristã no futuro. Ao compartilhar as minhas reflexões, eu me basearei em duas histórias dos Evangelhos: a história da tentação de Jesus no deserto (Mt 4.1-11) e a história do chamado de Pedro para ser um pastor (Jo 21.15-19).

Parte I

Da Relevância à Oração

Capítulo 1

A Tentação: Causar Impacto

A primeira coisa que me chocou quando vim morar numa casa com deficientes mentais foi que a sua afeição ou antipatia por mim não tinha, absolutamente, nada a ver com quaisquer das muitas coisas úteis que eu havia feito até então.

Como nenhum deles podia ler os meus livros, estes não podiam impressioná-los, e como a maioria deles nunca havia ido à escola, os meus vinte anos em Notre Dame, Yale e Harvard não me proporcionaram uma apresentação especial. A minha considerável experiência ecumênica provou ter menos validade ainda. Quando ofereci carne para um dos assistentes durante o jantar, um dos homens deficientes me disse: "Não lhe dê carne, ele não come carne, pois é presbiteriano".

A incapacidade de usar quaisquer das habilidades que me foram tão úteis no passado era uma verdadeira fonte de ansiedade. De repente, eu estava às voltas com a minha própria nudez, aberto a afirmações e rejeições, abraços e socos, sorrisos e lágrimas, tudo dependendo simplesmente de como eu era compreendido no momento. De certo modo, parecia como se estivesse começando a minha vida toda novamente. Amizades, contatos e reputações não mais podiam ser levados em conta.

Esta experiência foi, e de muitas maneiras ainda é, a mais importante experiência da minha nova vida, porque obrigou-me a redescobrir minha verdadeira identidade. Estas pessoas arruinadas, feridas e completamente despretensiosas me forçaram a abandonar o meu ego relevante, o ego que pode realizar coisas, mostrar coisas, provar coisas e construir coisas. Elas me forçaram a retomar aquele ego sem enfeite, que me deixa completamente vulnerável, aberto a receber e a dar amor indiferente de quaisquer realizações.

Digo tudo isto porque estou profundamente convencido de que o líder cristão do futuro é chamado para ser completamente irrelevante e a estar neste mundo sem nada a oferecer a não ser a sua própria pessoa vulnerável. Foi assim que Jesus veio revelar o amor de Deus.

A grande mensagem que nós temos para transmitir como ministros da Palavra e seguidores de Deus, é que Ele nos ama não por causa do que nós fazemos ou realizamos, mas porque nos criou e nos redimiu em amor. Nos escolheu para proclamar este amor como a verdadeira fonte de toda a vida humana.

A primeira tentação de Jesus era para ser relevante: transformar pedras em pão. Oh, quantas vezes desejei ter este poder! Ao caminhar pelas "cidades novas" nos arredores de Lima, no Peru, onde crianças morrem de desnutrição e por causa da água contaminada, eu não teria sido capaz de rejeitar esse dom mágico de transformar as ruas de pedras empoeiradas em lugares onde as pessoas pudessem pegar uma das inúmeras pedras e descobrir que era um croissant, bolo de café ou rosca fresquinha. Onde elas pudessem encher as mãos com a água parada dos poços e constatar alegremente que, na verdade, estavam bebendo um leite puro e delicioso.

Capítulo 1 – A Tentação: Causar Impacto

Não somos nós, líderes e ministros, chamados para ajudar as pessoas, alimentar os famintos e aliviar o sofrimento dos pobres? Jesus enfrentou estas mesmas questões. Mas, quando lhe pediram para provar o seu poder como Filho de Deus através do comportamento relevante do transformar pedras em pães, Ele se apegou a sua missão de proclamar a Palavra. Disse: "Nem só de pão viverá o homem, mas de toda palavra que sai da boca de Deus".

Um dos principais sofrimentos experimentados por aqueles que estão no ministério chama-se baixa autoestima. Muitos líderes e ministros hoje sentem cada vez mais que conseguem causar muito pouco impacto. Estão muito ocupados, mas não veem muito efeito.

Parece que os seus esforços são infrutíferos. Enfrentam um número decrescente de pessoas nas reuniões da igreja, e descobrem que psicólogos, psicoterapeutas, conselheiros matrimoniais e médicos são, frequentemente, mais dignos de créditos do que eles.

Um dos fatos mais dolorosos para muitos líderes cristãos é ver que os jovens se sentem cada vez menos atraídos a seguir os seus passos. Parece que, nos dias atuais, dedicar a vida ao ministério já não vale mais a pena.

Enquanto isto, há pouco louvor e muita crítica dirigida à Igreja, e quem consegue viver muito tempo num clima desses sem resvalar em algum tipo de depressão?

O mundo secular em volta de nós está dizendo em alta voz: "Nós podemos cuidar de nós mesmos. Não precisamos de Deus, da Igreja ou de um líder espiritual. Nós estamos no controle. E se não estamos, então devemos trabalhar ainda mais para o retomar. O problema não é falta de fé, mas falta de competência. Se você está doente, precisa de um médico competente; se é pobre, precisa de políticos competentes; se há problemas técnicos, precisa de engenheiros competentes; se há guerras, precisa de negociadores competentes.

Deus, a Igreja e os ministros têm sido usados por séculos para preencher as brechas da incompetência, mas hoje, as brechas estão sendo preenchidas de outras maneiras e nós já não precisamos de respostas espirituais para questões práticas. Neste clima de secularização, líderes cristãos se sentem cada vez menos relevantes e cada vez mais marginalizados. Muitos começam a se perguntar por que deveriam permanecer no ministério. Frequentemente eles o deixam, desenvolvem uma nova aptidão e se unem aos seus contemporâneos em suas tentativas de contribuir relevantemente para um mundo melhor.

Mas há uma história completamente diferente para contar. Por trás de todas as grandes realizações do nosso tempo, há uma profunda correnteza de desespero. Enquanto a eficiência e o controle são as grandes aspirações da nossa sociedade, a solidão, o isolamento, a carência de amizade e intimidade, os relacionamentos arruinados, o tédio, a sensação de vazio e depressão e uma profunda sensação de inutilidade enchem os corações de milhões de pessoas neste nosso mundo norteado pelo sucesso.

O romance de Bret Easton Elli, *Menos do que Zero,* oferece uma descrição muito boa da pobreza moral e espiritual atrás da fachada contemporânea da riqueza, do sucesso, da popularidade e do poder. De maneira bastante dramática e muito comovente, ele descreve a vida de sexo, drogas e violência entre os filhos adolescentes dos entretenedores ultra-ricos de Los Angeles.

E o clamor que se ergue por trás de toda esta decadência é claro e alto: "Há alguém que me ama? Há alguém que realmente se preocupa comigo? Há alguém que quer ficar em casa por minha causa? Há alguém que quer estar comigo quando eu me descontrolar, quando eu estiver com vontade de chorar? Há alguém que pode me sustentar e me dar a sensação de que faço parte de alguma coisa?"

Sentir-se irrelevante é uma experiência muito mais comum do que imaginamos quando olhamos para a nossa sociedade aparentemente autoconfiante. A tecnologia médica e o trágico aumento de abortos podem, até radicalmente, diminuir o número de deficientes mentais em nossa sociedade, mas já é visível que mais e mais pessoas estão sofrendo de profundas deficiências morais e espirituais sem ter ideia alguma de onde podem procurar a cura.

É aqui que a necessidade de se achar uma nova liderança cristã se torna clara. O líder do futuro será aquele que ousa afirmar a sua irrelevância no mundo contemporâneo como uma vocação divina. Ela permite que ele esteja em profunda solidariedade com a angústia atrás de todo aquele esplendor do sucesso. E leve a luz de Jesus para brilhar ali.

Capítulo 2

A Pergunta: "Você me Ama?"

Antes que Jesus comissionasse a Pedro para ser um pastor, Ele lhe perguntou: "Simão, filho de Jonas, você me ama mais do que estes?" Depois, perguntou-lhe novamente: "Você me ama?" E ainda lhe perguntou uma terceira vez: "Você me ama?"

Esta pergunta tem de ser o centro de todo o nosso ministério porque é a pergunta que permite que sejamos, ao mesmo tempo, irrelevantes e verdadeiramente autoconfiantes.

Olhe para Jesus. O mundo não prestou nenhuma atenção nele. Foi crucificado e retirado de cena. A sua mensagem de amor foi rejeitada por um mundo que busca poder, eficiência e domínio. Mas lá estava ele, aparecendo com feridas em seu corpo glorificado para os poucos amigos que tinham olhos para ver, ouvidos para ouvir e corações para entender.

Este Jesus rejeitado, desconhecido e ferido simplesmente perguntou: "Você me ama, você realmente me ama?" Ele, cujo único interesse havia sido anunciar o amor incondicional de Deus, tinha apenas uma pergunta a fazer: "Você me ama?"

A pergunta não é: Quantas pessoas o levam a sério? Quanto você consegue realizar? Pode mostrar algum resultado ou fruto da sua vida? Antes, é: você está apaixonado por Jesus? Talvez uma outra maneira de colocar esta pergunta seria: você conhece o Deus encarnado?

Em nosso mundo de solidão e desespero há uma enorme necessidade de homens e mulheres que conheçam o coração de Deus. Um coração que perdoa, que cuida, que estende a mão e que quer curar. Neste coração não há desconfiança, vingança, ressentimento e nenhum traço de ódio.

É um coração que só quer dar amor e receber amor de volta. É um coração que sofre imensamente porque vê a magnitude da dor humana e a grande resistência de se confiar no coração de Deus que quer oferecer consolação e esperança.

O líder cristão do futuro verdadeiramente conhece o coração de Deus que se tornou carne, "um coração de carne" em Jesus. Conhecer o coração de Deus significa anunciar e revelar consistente, radical e concretamente que Ele é amor e só amor. E que toda vez que medo, isolamento ou desespero começam a invadir a alma humana, isto não provém de Deus.

Isto parece muito simples e talvez até banal, mas pouquíssimas pessoas sabem que são amadas sem quaisquer condições ou limites. Este amor incondicional e ilimitado é o que João, o evangelista, chama de o primeiro amor de Deus. "Vamos amar", ele diz, "porque Deus nos amou primeiro" (1 Jo 4.19).

O amor que frequentemente nos deixa inseguros, frustrados, zangados e ressentidos é o segundo amor, ou seja, a afirmação, afeição, simpatia, incentivo e apoio que recebemos de nossos pais, professores, cônjuges e amigos. Todos nós sabemos quão limitado, insuficiente e frágil é este amor. Atrás das muitas expressões deste segundo amor há sempre a chance de haver rejeição, retração, punição, chantagem, violência e até ódio.

Muitos filmes e peças contemporâneas retratam as ambiguidades e ambivalências dos relacionamentos humanos, e não há amizades, casamentos ou comunidades nas quais as tensões e pressões de segundo amor não sejam fortemente sentidas. Frequentemente parece que atrás de todas as cortesias da vida diária há muitas feridas abertas que carregam nomes como: abandono, traição, rejeição, rompimento e perda. Todos estes são aspectos do lado sombrio do segundo amor e revelam as trevas que nunca deixam completamente o coração humano.

As boas novas radicais são que o segundo amor é só um reflexo distorcido do primeiro amor, e que o primeiro amor nos é oferecido por um Deus em quem não há sombras. O coração de Jesus é a encarnação do primeiro amor de Deus que não tem sombra alguma. Deste coração flui rios de água viva. Ele clama em alta voz: "Bem sei que sois descendência de Abraão; porém, procurais matar-me, porque a minha palavra não entra em vós" (Jo 8.37), e: "Vinde a mim todos os que estais cansados e oprimidos, e eu vos aliviarei. Tomai sobre vós o meu jugo, e aprendei de mim, que sou manso e humilde de coração; e encontrareis descanso para as vossas almas" (Mt 11.28, 29).

Deste coração vêm as palavras: "Você me ama?" Conhecer o coração de Jesus e amá-lo são a mesma coisa. Conhecer o coração de Jesus é conhecer o coração do homem. E, quando vivemos num mundo com este conhecimento não podemos fazer outra coisa senão trazer cura, reconciliação, vida nova e esperança aonde quer que estejamos.

O desejo de ser relevante e bem-sucedido desaparecerá gradativamente, e o nosso único desejo será dizer, com todo o nosso ser, para os nossos irmãos e irmãs da raça humana:

"Vocês são amados. Não há razão para ficar com medo. Em amor Deus criou o seu ser mais íntimo e o formou no ventre de sua mãe" (ver Sl 139.13).

Capítulo 3

A Disciplina: Oração

Para viver uma vida que não seja dominada pelo desejo de ser relevante mas esteja firmemente ancorada no conhecimento do primeiro amor de Deus, temos de ser espirituais. Um cristão espiritual é uma pessoa cuja identidade está profundamente fundamentada no primeiro amor de Deus.

Se existe uma área onde o líder cristão do futuro precisará dar atenção, é a disciplina de habitar na presença daquele que está sempre nos perguntando: "Você me ama? Você me ama? Você me ama?" É a disciplina da oração.

Através dela evitamos ser dominados por uma questão urgente após outra e deixamos de ser estranhos para o nosso próprio coração e o coração de Deus. A oração nos mantém em casa, fundamentados e seguros, mesmo quando estamos na estrada, nos movendo de um lugar para outro e cercados por sons de violência e de guerra.

A oração aprofunda em nós o conhecimento de que já somos livres, que já encontramos um lugar para habitar, que já pertencemos a Deus, ainda que tudo e todos ao nosso redor estejam dizendo o contrário.

Não é suficiente para os líderes e ministros do futuro serem pessoas morais, bem treinadas, ansiosas por ajudar seus companheiros e capazes de responder criativamente às questões polêmicas do seu tempo. Tudo isto é muito valioso e importante, mas não é o coração da liderança cristã.

A questão central é: são os líderes do futuro, verdadeiramente, homens e mulheres de Deus, pessoas com um desejo ardente de habitar na presença dele, de ouvir sua voz, de olhar sua beleza e de provar plenamente sua bondade infinita?

O significado original da palavra "teologia" era "união com Deus em oração". Hoje a teologia é apenas uma disciplina acadêmica dentre muitas outras. Frequentemente os teólogos encontram dificuldade para orar.

Mas para o futuro da liderança cristã é de vital importância retomar o aspecto sobrenatural da teologia para que toda palavra falada, todo conselho dado e toda estratégia desenvolvida possa sair de um coração que conhece a Deus intimamente. Tenho a impressão de que muitos debates na Igreja hoje envolvem, principalmente, questões do campo moral. Neste nível, diferentes facções brigam sobre o certo e o errado.

Mas esta disputa é, frequentemente, afastada da experiência do primeiro amor de Deus, que está no alicerce de todos os relacionamentos humanos. Algumas palavras são usadas para descrever as opiniões das pessoas, e muitas discussões, então, parecem mais batalhas políticas pelo poder do que buscas espirituais pela verdade.

Os líderes cristãos não podem, simplesmente, ser pessoas que têm opiniões bem formadas sobre questões polêmicas do nosso tempo. A sua liderança deve estar fundamentada no relacionamento permanente e íntimo com o Verbo encarnado, Jesus. É aí que devem encontrar a fonte para as suas palavras, conselhos e direções.

Através da disciplina da oração, os líderes cristãos devem aprender a ouvir vez após vez a voz do amor, e a encontrar lá a sabedoria e a coragem para tratar quaisquer questões que lhes aparecerem. Tratar de questões polêmicas, sem estar fundamentado num profundo relacionamento pessoal com Deus, facilmente leva à divisão, porque quando menos esperamos o nosso ego se envolve com a nossa opinião sobre um determinado assunto.

Mas quando estamos firmemente fundamentados numa intimidade pessoal com a fonte da vida, é possível permanecer flexível sem ser relativista, convicto sem ser rígido, confrontar sem ofender, ser gentil e perdoador sem ser mole, e ser um testemunha fiel sem ser manipulador.

Se a liderança cristã quiser ser verdadeiramente frutífera no futuro terá que deixar o campo estritamente moral e passar para o sobrenatural.

Parte II

Da Popularidade
ao Ministério

Capítulo 1

A Tentação: Ser Espetacular

Quero contar-lhes uma outra experiência que aconteceu comigo por ocasião da minha mudança de Harvard para *L'Arche*. Foi a experiência de dividir o meu ministério com outros. Fui educado em um seminário que me fez acreditar que o ministério era essencialmente um assunto individual. Eu tinha que ser bem treinado e bem formado, e depois de anos de treinamento e formação, era considerado bem equipado para pregar, administrar, aconselhar e dirigir uma igreja.

Fizeram-me sentir como um homem numa caminhada muito longa com uma enorme mochila contendo todo o necessário para ajudar as pessoas que encontrasse pelo caminho. As perguntas teriam respostas, os problemas teriam soluções e as dores teriam remédios. Era só ter certeza com qual dos três eu estava lidando.

Com o passar dos anos, compreendi que as coisas não eram tão simples assim, mas apesar disso, o meu método básico de individualismo no ministério não mudou. Quando tornei-me professor, fui mais encorajado ainda a fazer as coisas que eu queria do meu jeito. Tinha direito de escolher a minha própria matéria, o meu próprio método, e algumas vezes, até mesmo os meus próprios alunos.

Ninguém questionava a minha maneira de fazer as coisas. Quando eu saía da classe, estava completamente livre para fazer aquilo que achasse melhor. Afinal de contas, todo o mundo tem o direito de viver a sua vida particular, sem interferência!

Quando fui para *L'Arche*, entretanto, este individualismo foi desafiado radicalmente. Lá eu era mais uma entre as muitas pessoas que tentavam viver com fidelidade entre os deficientes mentais. O fato de ser um capelão não me dava liberdade para fazer as coisas a minha própria maneira. De repente, todos queriam saber o meu paradeiro de hora em hora, e eu podia ser chamado para prestar contas de cada movimento ou ação que fizesse.

Um membro da comunidade foi designado para me acompanhar; um pequeno grupo foi formado para me ajudar a decidir quais convites aceitar e quais recusar; e a pergunta mais comum feita pelos deficientes mentais com quem eu moro era: "Você vai estar em casa esta noite?" Uma vez viajei sem me despedir do Trevor, um dos deficientes mentais com quem eu moro. Ao chegar no meu destino, o primeiro telefonema que recebi foi dele. Com a voz embargada, ele me disse: "Henri, por que você nos deixou? Estamos com tanta saudade de você. Por favor, volte".

Vivendo numa comunidade com pessoas tão feridas, descobri que eu havia passado a maior parte da minha vida como trapezista, tentando caminhar nas alturas, numa corda bamba, para alcançar o outro lado, e sempre esperando por aplausos quando eu não caía e quebrava as minhas pernas.

A segunda tentação à qual Jesus foi exposto foi precisamente a tentação de fazer algo espetacular, algo que pudesse

Capítulo 1 – A Tentação: Ser Espetacular

render-lhe grandes aplausos. "Atira-te do pináculo do templo e deixa que os anjos te segurem e te carreguem em seus braços." Mas Jesus recusou-se a ser um super-homem. Ele não veio para se mostrar. Ele não veio para caminhar sobre brasas incandescentes, para engolir fogo ou para colocar a sua mão na boca do leão para demonstrar o grande valor do que tinha a dizer. "Não tentarás ao Senhor teu Deus", Ele disse.

Quando você olha para a Igreja de hoje, é fácil ver o predomínio do individualismo entre ministros e líderes. Não há muitos entre nós que possuam vastos repertórios de talentos para se orgulharem, mas mesmo assim, a maioria sente que, se tem algo de positivo para mostrar na sua vida, foi realizado sozinho.

Pode-se dizer que a maioria de nós se sente como um trapezista fracassado, que descobriu que não tinha poder para atrair multidões, que não conseguia promover muitas conversões, não tinha o talento para criar belos programas, não era tão popular entre os jovens, os adultos ou os idosos como esperava, e que não era tão capaz de atender às necessidades do povo como queria.

Ao mesmo tempo, a maioria sente que deveria ter sido capaz de fazer tudo isto, e de fazê-lo com sucesso. A ambição de ser uma estrela ou herói individual, que é tão comum na nossa sociedade competitiva, também não é um sentimento estranho na Igreja. Lá também a imagem dominante é aquela do homem ou mulher que conseguiu o sucesso sem a ajuda de ninguém, ou daquele que pode fazer tudo sozinho.

Capítulo 2

A Tarefa: "Apascenta as minhas Ovelhas"

Depois de ter perguntado a Pedro três vezes: "Você me ama?", Jesus diz: "Apascenta as minhas ovelhas, toma conta do meu rebanho, apascenta as minhas ovelhas". Estando seguro do amor de Pedro, Jesus lhe dá a tarefa de ministrar.

No contexto da nossa própria cultura, podemos ouvir isto de uma maneira individualista como se Pedro estivesse, agora, sendo enviado para uma missão heroica. Mas quando Jesus fala sobre pastorear, ele não quer que pensemos em um pastor valente e individualista que toma conta de um grande rebanho de ovelhas obedientes. De muitas maneiras diferentes Jesus mostrava que ministrar é uma experiência coletiva e mútua.

Em primeiro lugar, Jesus envia os doze para saírem aos pares (Mt 6.7). Nós sempre nos esquecemos que estamos sendo enviados dois a dois. Não podemos levar as boas novas sozinhos. Fomos chamados para proclamar o Evangelho juntos, em comunidade.

Existe uma sabedoria divina aqui. "Se na terra dois de vocês concordarem em pedir alguma coisa, o meu Pai que está no céu lhes concederá. Pois onde estiverem dois ou três reunidos em meu nome, ali estarei no meio deles"(Mt 18.19, 20).

Talvez você já tenha descoberto por si mesmo a radical diferença que existe entre viajar sozinho e viajar acompanhado. Tenho descoberto cada vez mais como é difícil ser inteiramente fiel a Jesus quando estou sozinho.

Preciso dos meus irmãos e irmãs para orar comigo, para falar comigo sobre a próxima tarefa espiritual e para me desafiar a permanecer puro na mente, no coração e no corpo. Mas o mais importante é que é Jesus quem cura, não eu; é Jesus quem fala palavras de verdade, não eu; é Jesus quem é o Senhor, não eu.

Isto fica claramente visível quando proclamamos juntos o poder redentor de Deus. Na verdade, aonde quer que ministremos juntos fica mais fácil para as pessoas reconhecerem que não viemos em nosso próprio nome, mas no nome do Senhor Jesus que nos enviou.

No passado, eu viajava muito pregando e falando em retiros, palestras de abertura de ano letivo ou em ocasiões especiais. Mas eu sempre ia sozinho. Agora, toda vez que sou enviado para falar em algum lugar, a comunidade procura me enviar acompanhado.

Estar aqui com Bill é um expressão concreta da visão de que não só devemos viver em comunidade, mas também ministrar em comunidade. Bill e eu fomos enviados por nossa comunidade na convicção que o mesmo Senhor que nos uniu em amor também se revelará a nós, e aos outros, enquanto caminharmos juntos.

Mas há mais. Ministrar não somente uma experiência coletiva, e também uma experiência mútua. Jesus, falando sobre o seu próprio ministério pastoral, diz: "Eu sou o bom pastor. Eu conheço os meus, e os meus me conhecem, assim como o Pai me conhece e eu conheço o Pai; e dou a minha vida

Capítulo 2 – A Tarefa: "Apascenta as minhas Ovelhas"

pelas minhas ovelhas" (Jo 10.14). Assim como Jesus ministra, quer que nós ministremos igualmente. Ele queria que Pedro apascentasse e cuidasse do seu rebanho, não como um "profissional" que conhece os problemas dos seus clientes e os resolve, mas como um irmão ou irmã vulnerável que conhece e é conhecido, que cuida e recebe cuidado, que perdoa e é perdoado, que ama e é amado. Por alguma razão temos acreditado que uma boa liderança requer uma distância entre nós e aqueles que fomos chamados para liderar.

A Medicina, a Psiquiatria e o Serviço Social nos oferecem modelos em que o "ministério" ocorre apenas em um sentido. Alguém serve e o outro é servido, e muito cuidado para não inverter os papéis. Porém, como alguém pode dar a sua vida por pessoas se ele mesmo não se abre para um profundo relacionamento pessoal com elas?

Dar a sua vida significa oferecer a sua própria fé e dúvida, esperança e desespero, alegria e tristeza, coragem e medo, para que os outros encontrem assim formas de entrar em contato com o Senhor da vida.

Nós não somos os curadores, não somos os reconciliadores; não somos os doadores de vida. Somos antes pecadores, pessoas quebradas e vulneráveis que precisam de tanto cuidado quanto qualquer uma de nossas ovelhas. O mistério de ministrar é que fomos escolhidos para fazer do nosso próprio amor, embora limitado e muito condicional, uma porta para a amor ilimitado e incondicional de Deus.

Portanto, o verdadeiro ministério deve ser mútuo. Quando os membros de uma comunidade de fé não podem verdadeiramente conhecer e amar o seu pastor, o pastorado rapidamente se torna uma maneira sutil de exercer o poder, e começa a mostrar sinais de autoridade e ditadura. O mundo em que vivemos, um mundo de eficiência e controle, não tem modelos para oferecer àqueles que querem ser pastores semelhantes a Jesus.

Mesmo as chamadas "profissões assistenciais" têm sido tão completamente secularizadas que só veem na mutualidade uma fraqueza e uma forma perigosa de inverter os papéis. A liderança de que Jesus fala é um tipo radicalmente diferente daquela oferecida pelo mundo. É uma liderança de servo, para usar o termo de Robert Greenleaf, na qual o líder é um servo vulnerável que precisa das pessoas tanto quanto elas precisam dele.

De tudo o que foi dito, está claro que um tipo totalmente novo de liderança é necessário para a Igreja de amanhã, uma liderança que não é moldada segundo os jogos de poder deste mundo mas segundo o servo-líder, Jesus, que veio para dar a sua vida para a salvação de muitos.

CAPÍTULO 3

A DISCIPLINA: CONFISSÃO E PERDÃO

Tendo dito isto, nos deparamos com a questão: que disciplina é necessária para que o futuro líder vença a tentação de heroísmo individual? Eu gostaria de propor a disciplina de confissão e perdão. Assim como os futuros líderes devem buscar o sobrenatural, profundamente embevecidos na oração, eles também devem estar sempre dispostos a confessar a sua fragilidade e a pedir o perdão daqueles a quem ministram.

Como líderes e ministros podem realmente se sentir amados e seguros quando têm de esconder os seus próprios pecados e falhas das pessoas para quem ministram? Como as pessoas podem verdadeiramente cuidar dos seus pastores e mantê-los fiéis a sua tarefa sagrada, quando nem os conhecem e, portanto, não podem amá-los profundamente?

Eu não fico nem um pouco surpreso que tantos ministros e líderes sofram de profunda solidão emocional, que frequentemente sintam uma grande necessidade de afeição e intimidade, e que algumas vezes passem por sentimentos profundos de culpa e vergonha diante do seu próprio povo.

Frequentemente parecem estar dizendo: "E se o meu povo soubesse como eu me sinto realmente, se soubesse como penso e sonho, por onde minha mente anda quando estou sentado sozinho no meu escritório?" São precisamente os homens e mulheres mais dedicados para a liderança espiritual que são também os mais vulneráveis à carnalidade mais intensa.

A razão disto é que não sabem como viver a verdade da Encarnação. Separam-se da sua própria comunidade física, tentam dominar suas necessidades ignorando-as ou satisfazendo-as em lugares distantes e anônimos e, então, experimentam uma divisão crescente entre seu próprio mundo interior particular e as boas novas que estão anunciando.

Quando a espiritualidade se torna espiritualização, a vida no corpo se torna carnal. Quando os ministros e líderes vivem os seus ministérios principalmente na esfera mental, e consideram o Evangelho como um conjunto de ideias valiosas para serem anunciadas, o corpo rapidamente vinga-se, clamando fortemente por afeição e intimidade.

Os líderes cristãos são chamados para viver a Encarnação, isto é, para viver no corpo, não somente em seus próprios corpos mas também no corpo coletivo da comunidade, e para descobrir lá a presença do Espírito Santo.

É exatamente pelas disciplinas da confissão e do perdão que se pode evitar a espiritualização e a carnalidade, e pode-se viver a verdadeira encarnação. Através da confissão, os poderes das trevas são arrancados da sua isolação carnal e trazidos para a luz e manifestos à comunidade. Através do perdão, os poderes das trevas são desarmados e dissipados, e uma nova integração entre o corpo e o espírito se torna possível.

Tudo isto pode parecer muito irreal, mas qualquer pessoa que tenha tido experiências com comunidades de recuperação como *Alcoólatras Anônimos* ou *Filhos Adultos de Alcoólatras*, já presenciou, sem dúvida, o poder de cura destas disciplinas. Inúmeros cristãos, inclusive líderes e ministros, têm descoberto o mais profundo significado da Encarnação, não em suas igrejas, mas nos doze passos dos *Alcoólatras Anônimos* e *Filhos Adultos dos Alcoólatras*, e experimentaram a presença curadora de Deus numa comunidade formada por pessoas que têm coragem de buscar a cura através da confissão mútua.

Isto não significa que ministros e líderes devam explicitamente confessar os seus próprios pecados ou falhas do púlpito ou em suas ministrações diárias. Isto seria doentio e imprudente, e não seria de maneira alguma o caminho para se tornar um servo-líder.

O que estamos dizendo é que ministros e líderes também são chamados para serem membros completos de suas comunidades, devem prestar contas a elas, e necessitam do seu carinho e apoio. São chamados para ministrar com todo o seu ser, inclusive com suas próprias feridas.

Estou convencido de que líderes e ministros, especialmente aqueles que se relacionam com muitas pessoas angustiadas, precisam de um lugar realmente seguro para si mesmos. Precisam de um lugar onde possam compartilhar as suas dores e lutas profundas com pessoas que não precisam deles, mas que possam guiá-los cada vez mais adiante no profundo mistério do amor de Deus.

Eu, pessoalmente, fui muito afortunado em ter encontrado esse tipo de lugar na *L'Arche*, com um grupo de amigos que dão atenção às minhas próprias dores frequentemente escondidas e me mantêm fiel a minha vocação com suas críticas gentis e seu apoio amoroso. Quem dera que todos os líderes pudessem ter para si um lugar seguro como esse!

Parte II

De Líder a Liderado

Capítulo 1

A Tentação:
Ser Poderoso

Quero agora contar uma terceira experiência relacionada com a minha mudança de Harvard para *L'Arche*. Foi claramente uma mudança de líder para liderado. De algum modo, eu tinha a ideia que ficar mais velho e mais maduro significava ser cada vez mais capaz de liderar. De fato, tornei-me mais confiante em mim mesmo através dos anos. Senti que sabia bastante e tinha a capacidade de expressar o que sabia e de ser ouvido. Neste sentido eu me sentia cada vez mais capaz de dirigir a minha própria vida.

Mas quando ingressei nesta comunidade de pessoas deficientes mentais e seus assistentes, perdi todo o meu senso de direção e descobri uma vida onde cada momento estava cheio de surpresas, frequentemente surpresas para as quais eu não estava preparado. Quando Bill concordava ou discordava com meu sermão, ele não me esperava terminá-lo para me dizer! Idéias lógicas não recebiam respostas lógicas.

Frequentemente as pessoas respondiam do profundo do seu interior, mostrando-me que aquilo que eu estava dizendo ou fazendo tinha pouco ou nada a ver com o que elas estavam vivendo. Sentimentos e emoções do momento não mais podiam ser colocados em cheque por belas palavras e argumentos convincentes.

Quando as pessoas têm pouca capacidade intelectual, elas permitem que os seus corações (amorosos, zangados e ansiosos) falem sem rodeios ou enfeites. Mesmo sem o perceberem, as pessoas com quem passei a conviver, mostraram-me que a liderança para mim ainda era um desejo de controlar situações complexas, emoções confusas e mentes ansiosas.

Levei muito tempo para me sentir seguro neste clima imprevisível, e ainda tenho momentos em que me endureço e digo a todos para calarem a boca, entrar na linha, me ouvir e acreditar no que digo. Mas também estou começando a compreender o mistério de que ser líder significa em grande parte ser liderado.

Começo a perceber que estou aprendendo muitas coisas novas, não só sobre as dores e lutas das pessoas feridas, mas também sobre os seus dons e graças especiais. Elas me ensinam sobre alegria, paz, amor, zelo e oração; coisas que eu jamais poderia ter aprendido em qualquer instituto.

Também me ensinam o que ninguém jamais me poderia ter ensinado, sobre mágoa e violência, medo e indiferença. Acima de tudo, elas me dão um vislumbre do primeiro amor de Deus, frequentemente nos momentos quando começo a me sentir deprimido e desencorajado.

Todos sabem qual foi a terceira tentação de Jesus. Foi a tentação do poder. "Eu te darei todos os reinos deste mundo e a sua glória", o Diabo disse a Jesus. Quando eu me pergunto qual é a principal razão pela qual tantas pessoas têm deixado a igreja durante as últimas décadas na França, Alemanha, Holanda e também no Canadá e na América, a palavra "poder" logo vem à mente.

Capítulo 1 – A Tentação: Ser Poderoso

Uma das maiores ironias da história do cristianismo é que os seus líderes constantemente caíram ante a tentação do poder – poder político, poder militar, poder econômico ou poder moral e espiritual – muito embora continuassem a falar no nome de Jesus, que não se apegou ao seu poder divino, mas esvaziou-se a si mesmo e tornou-se como um de nós.

A tentação de considerar o poder um instrumento apto para a proclamação do Evangelho é a maior de todas. Estamos sempre ouvindo de outros, e dizendo a nós mesmos, que ter poder (desde que o usemos no serviço de Deus e em favor dos seres humanos) é uma coisa boa.

Mas era com este raciocínio que cruzadas foram realizadas; inquisições foram instituídas; índios foram escravizados; posições de grande influência foram cobiçadas; palácios episcopais, catedrais esplêndidas e opulentos seminários foram construídos; e muita manipulação de consciência foi usada.

Toda vez que vemos uma grande crise na história da Igreja, tais como o Grande Cisma do século XI, a Reforma do século XVI ou a imensa secularização do século XX, notamos que a maior causa da divisão é sempre o poder exercido por aqueles que dizem ser seguidores do pobre e despojado Jesus.

O que torna a tentação do poder aparentemente tão irresistível? Talvez porque o poder ofereça um fácil substituto para a difícil tarefa de amar. Parece mais fácil ser Deus do que amar a Deus, mais fácil controlar as pessoas do que amá-las, mas fácil ser dono da vida do que amar a vida. Jesus pergunta: "Você me ama?" Nós perguntamos: "Podemos sentar à tua direita e à tua esquerda no teu reino?" (Mt 20.21).

Desde que a serpente disse: "No dia em que você comer desta árvore, os seus olhos se abrirão e você será como os deuses, conhecendo o bem e o mal" (Gn 3.5), somos tentados a substituir o amor pelo poder. Jesus viveu esta tentação da maneira mais agonizante possível, do deserto até a cruz.

A longa e dolorosa história da Igreja é a história de pessoas que vez após vez foram tentadas para escolher o poder no lugar do amor, para controlar ao invés de aceitar a cruz, para ser um líder ao invés de ser liderado. Aqueles que resistiram a esta tentação até o fim, nos dando assim a esperança de fazer o mesmo, são os verdadeiros santos.

Uma coisa está bem clara para mim: a tentação do poder é maior quando a intimidade representa uma ameaça. A maior parte da liderança cristã é exercida por pessoas que não sabem desenvolver relacionamentos sadios e íntimos, e por isso fazem opção pelo poder e domínio. Muitos cristãos que construíram impérios para si foram pessoas incapazes de dar e receber amor.

Capítulo 2

O Desafio: "Outro o Conduzirá"

Voltemos agora a Jesus. Depois de perguntar a Pedro por três vezes se ele o amava mais do que os outros, e depois de comissioná-lo por três vezes para ser um pastor das suas ovelhas, de maneira muito enfática Ele lhe disse:

"Em verdade, em verdade te digo que, quando eras mais moço, tu te cingias a ti mesmo e andavas por onde querias; quando, porém, fores velho, estenderás as tuas mãos e outro te cingirá e te levará para onde não queres"
João 21.18

Estas foram as palavras que abriram o caminho para eu me mudar de Harvard para *L'Arche*. Tocam na essência da liderança cristã e foram ditas a fim de nos oferecer maneiras sempre novas de abandonar o poder e seguir o humilde caminho de Jesus.

O mundo diz: "Quando vocês eram jovens, eram dependentes e não podiam ir aonde queriam, mas quando ficaram mais velhos, serão capazes de tomar suas próprias decisões, tomar seus próprios caminhos e controlar seus próprios destinos".

Mas Jesus nos dá uma visão completamente diferente da maturidade: é a habilidade e a disposição de ser guiado para onde você preferiria não ir. Imediatamente após Pedro ter sido comissionado para ser um líder do seu rebanho, Jesus o confronta com a dura realidade de que o líder-servo é o líder que é guiado para lugares desconhecidos, indesejáveis e dolorosos.

O caminho do líder cristão não é o caminho da ascensão, no qual o mundo atual investe tanto. É o caminho descendente que termina na cruz. Isto pode soar meio mórbido ou masoquista, mas para aqueles que ouviram a voz do primeiro amor e responderam "sim", o caminho descendente de Jesus é o caminho para a alegria e a paz de Deus, uma alegria e paz que não são deste mundo.

Aqui nós tocamos na qualidade mais importante da liderança cristã do futuro. Não é uma liderança de poder e domínio, mas uma liderança de fraqueza e humildade, através da qual o servo sofredor de Deus, Jesus Cristo, se manifesta. Obviamente, não estou falando sobre uma liderança psicologicamente fraca, na qual o líder cristão é simplesmente a vítima passiva das manipulações do seu meio. Não, estou falando de uma liderança na qual o poder é constantemente abandonado em favor do amor. É uma verdadeira liderança espiritual.

Fraqueza e humildade na vida espiritual não significam pessoas sem fibra, que deixam os outros tomarem decisões em seu lugar. São características de pessoas que estão tão profundamente apaixonadas por Jesus que se dispõem a segui-lo por onde quer que Ele as guie, sempre crendo que, com Jesus, encontrarão vida e vida em abundância.

Capítulo 2 – O Desafio: "Outro o Conduzirá"

O líder cristão do futuro precisa ser radicalmente pobre, viajando sem nada a não ser um cajado ("sem pão, sem mochila, sem dinheiro, sem uma segunda túnica" – Mc 6.8). O que há de bom em ser pobre? Nada, exceto que isto nos oferece a possibilidade de exercer liderança, deixando que outros nos liderem.

Passaremos a depender das respostas positivas ou negativas daqueles a quem somos enviados e, dessa forma, seremos realmente conduzidos para onde o Espírito de Jesus nos quer guiar. Abundância e riquezas nos impedem de realmente discernir o caminho de Jesus.

Paulo escreve a Timóteo: "Mas os que querem ser ricos caem em tentação e cilada, e em muitas concupiscências insensatas e perniciosas, as quais afogam os homens na ruína e perdição" (1 Tm 6.9). Se há alguma esperança para a Igreja no futuro, será a esperança de uma Igreja pobre, que tem líderes dispostos a serem liderados.

Capítulo 3

Reflexão Teológica

Qual é, então, a disciplina necessária para um líder que deseja ser guiado, "de mãos estendidas"? Quero propor aqui a disciplina da intensa reflexão teológica. Assim como a oração nos mantém ligados ao primeiro amor, e a confissão e o perdão tornam o nosso ministério mais recíproco, a intensa reflexão teológica igualmente nos fará discernir, com senso crítico, para onde estamos sendo guiados.

Poucos ministros e líderes pensam teologicamente. A maioria foi educada num clima em que as ciências comportamentais, tais como a psicologia e a sociologia, dominaram tanto o currículo educacional que muito pouca teologia autêntica foi ensinada. A maioria dos líderes cristãos de hoje levanta questões psicológicas ou sociológicas, muito embora as exprima em terminologia bíblica.

A verdadeira reflexão teológica, o que significa pensar com a mente de Cristo, é muito difícil de se encontrar na prática do ministério. Sem uma sólida reflexão teológica, os futuros líderes serão pouco mais do que pseudopsicólogos, pseudossociólogos e pseudoassistentes sociais.

Considerarão a si mesmos como assistentes, capazes de resolver os problemas dos outros ou de oferecer um modelo para se seguir, como figuras de pai ou mãe, ou como irmãos ou irmãs mais velhos. Assim, se somarão aos inúmeros homens e mulheres que ganham a vida tentando ajudar o próximo a enfrentar com sucesso as pressões e tensões da vida cotidiana.

Mas tudo isto tem pouco a ver com a liderança cristã, pois o líder cristão deve pensar, falar e agir em nome de Jesus, que veio libertar a humanidade do poder da morte e abrir o caminho para a vida eterna. Para ser um líder assim, é essencial saber discernir momento a momento como Deus está agindo na história humana, e como os eventos pessoais, nacionais e internacionais que ocorrem durante a nossa vida podem nos sensibilizar cada vez mais ao caminho que nos conduz à cruz e através da cruz à ressurreição.

A tarefa dos futuros líderes cristãos não é fazer uma pequena contribuição à solução das dores e tribulações da sua época, mas identificar e anunciar as maneira em que Jesus está guiando o povo de Deus para fora da escravidão, através do deserto, para uma nova terra de liberdade.

Os líderes cristãos têm a árdua tarefa de responder às lutas pessoais, aos conflitos familiares, às calamidades nacionais e às tensões internacionais com uma fé clara e declarada na presença real de Deus. Precisam dizer "não" à toda forma de fatalismo, derrota, casualidade ou eventualidade que faz as pessoas acreditarem que as estatísticas estão nos dando a verdadeira realidade. Precisam dizer "não" a toda forma de desespero que vê a vida humana como uma mera questão de boa ou má sorte. Precisam dizer "não" às tentativas sentimentais de criar nas pessoas um espírito de resignação ou indiferença estoica diante da inevitabilidade da dor, do sofrimento ou da morte.

Em síntese, precisam dizer "não" ao mundo secular e proclamar em termos bem claros que a encarnação da Palavra de Deus, através de quem todas as coisas vieram a existir, fez com que até o menor acontecimento da história humana seja um "Kairós", ou seja, uma oportunidade de ser conduzido para uma profundidade maior no coração de Jesus.

Os líderes cristãos do futuro precisam ser teólogos, pessoas que conhecem o coração de Deus e são treinadas – através da oração, do estudo e da análise detalhada – a manifestar o supremo evento da obra redentora de Deus no meio dos inúmeros eventos aparentemente casuais da sua época.

Reflexão teológica é refletir sobre as dolorosas realidades de todo dia e sobre as positivas também, com a mente de Jesus, para assim despertar a consciência humana para a percepção da suave orientação de Deus em nosso interior. Esta disciplina não é muito fácil, pois a presença de Deus é frequentemente uma presença oculta, uma presença que precisa ser descoberta.

Os altos e turbulentos ruídos do mundo nos deixam surdos diante da voz suave, mansa e amorosa de Deus. Um líder cristão é chamado para ajudar as pessoas a ouvirem esta voz e serem assim confortadas e consoladas.

Ao pensar sobre o futuro da liderança cristã, fico convencido que precisa ser uma liderança teológica. Para isto vir a acontecer, muita coisa – muita coisa mesmo – precisa acontecer nos seminários e institutos de teologia. Precisam tornar-se em centros onde as pessoas são treinadas no verdadeiro discernimento dos sinais da sua época.

Este treinamento não pode ser apenas intelectual. Requer uma profunda formação espiritual, envolvendo a pessoa no seu todo, ou seja, o seu corpo, mente e coração. Creio que nem começamos a perceber até que ponto as escolas teológicas se tornaram seculares. A maioria dos seminários tem pouco a ver com a formação da mente de Cristo, que não se apegou ao poder mas esvaziou-se a si mesmo e tomou sobre si a forma de um servo. Tudo no nosso mundo competitivo e ambicioso milita contra esta atitude. Mas somente na mesma medida em que se busca e encontra esta formação é que pode haver esperanças para a Igreja do próximo século.

Conclusão

Para resumir, a minha mudança de Harvard para *L'Arche* me conscientizou, de forma nova, de como a minha própria maneira de pensar sobre a liderança cristã fora afetada pelo desejo de ser relevante, o desejo de ser popular e o desejo de ter poder. Muitas vezes considerei a relevância, a popularidade e o poder como ingredientes de um ministério eficaz.

A verdade, entretanto, é que estas coisas não são vocações, são tentações. Jesus nos pergunta: "Você me ama?" Jesus nos envia como pastores e nos promete uma vida em que, cada vez mais, teremos que estender as nossas mãos para sermos guiados para lugares onde preferiríamos não ir.

Ele nos pede para trocarmos a nossa preocupação pela relevância por uma vida de oração, a nossa empolgação com popularidade por um ministério recíproco, uma liderança edificada sobre o poder por uma liderança em que discernimos criticamente para onde Deus está guiando tanto a nós quanto ao nosso povo.

As pessoas da *L'Arche* estão me mostrando novos caminhos. Confesso que sou um aluno lento. Velhos padrões que se provaram muito eficazes no passado não são abandonados facilmente. Mas quando penso sobre o líder cristão do próximo século, eu realmente creio que as pessoas de quem eu menos esperava aprender estão me ensinando o caminho. A minha esperança e oração é que estas lições que estou recebendo na minha nova vida não sejam proveitosas só para mim, mas que ajudem você também a ganhar uma nova visão do líder cristão do futuro.

O que escrevi aqui obviamente não é nada novo, mas espero e oro para que você perceba que a visão mais antiga e tradicional da liderança cristã continua a ser uma visão que aguarda para o futuro a sua verdadeira realização.

Quero deixar com você a imagem de um líder com mãos estendidas, que optou por uma vida de movimento descendente. É a imagem do líder de oração, do líder vulnerável e do líder confiante (em Deus). Que esta imagem encha o seu coração de esperança, coragem e confiança enquanto aguarda com expectativa o próximo século.

Epílogo

Escrever estas reflexões foi uma coisa, mas apresentá-las em Washington D.C. foi outra completamente diferente. Quando Bill e eu chegamos no aeroporto de Washington, fomos levados para o Hotel Clarendon na Crystal City (Cidade de Cristal), um conjunto de prédios altos e modernos, com aparência de serem totalmente de vidro, do mesmo lado do rio Potomac.

Bill e eu ficamos bastante impressionados com a atmosfera esplendorosa do hotel. Recebemos quartos espaçosos, com camas de casal, banheiros privativos com muitas toalhas e televisão a cabo. Na mesa do quarto de Bill havia uma cesta com frutas e uma garrafa de vinho. Ele adorou. Sendo um telespectador experiente, se ajeitou confortavelmente na sua cama enorme e sintonizou em sequência todos os canais com o controle remoto.

Mas logo chegou a hora de apresentarmos as nossas boas novas juntos. Depois de um delicioso jantar em um dos salões de baile cheio de estátuas douradas e pequenas fontes d'água, Vincent Dwyer apresentou-me à audiência. Naquele momento eu ainda não entendia o que significaria fazer o meu ministério "junto com Bill".

Iniciei minha palestra dizendo que não viera sozinho e que estava feliz por Bill ter vindo comigo. Peguei o meu texto todo escrito à mão e comecei o meu discurso. Mas neste exato momento, percebi que Bill havia saído do seu lugar e estava vindo para a plataforma. Ele subiu e se plantou bem atrás de mim. Ele claramente tinha uma ideia muito mais concreta sobre o significado de "fazer tudo juntos" do que eu. Cada vez que eu terminava de ler uma página, ele a pegava e a colocava sobre uma pequena mesa ao lado. Senti-me muito à vontade com isto e comecei a sentir a presença dele comigo como um apoio.

Mas Bill tinha mais em mente do que isto. Quando comecei a falar sobre a tentação de transformar pedras em pão como a tentação de ser relevante, ele me interrompeu e disse bem alto para todos ouvirem: "Eu já ouvi isto antes". E, na verdade, já o tinha ouvido, mas ele só queria que os líderes e ministros que estavam ali soubessem que ele me conhecia muito bem e que estava familiarizado com as minhas ideias.

Para mim, entretanto, veio como um suave e amoroso lembrete que os meus pensamentos não eram tão novos quanto eu queria que a minha audiência acreditasse.

A intervenção de Bill criou uma nova atmosfera no salão de conferências: mais leve, mais fácil e mais alegre. De alguma maneira, Bill havia tirado a seriedade da ocasião e trazido uma normalidade mais informal ou caseira. À medida que continuava a minha exposição, eu sentia cada vez mais que estávamos "ministrando juntos", e que isso era gostoso.

Quando cheguei à segunda parte, e lia as palavras: "a pergunta mais comum que os deficientes mentais me fazem é se estarei em casa ou não naquela noite", Bill interrompeu-me outra vez e disse: "é verdade, isto é o que John Smeltzer sempre pergunta". Com isto, novamente ele descontraiu o ambiente com a sua observação. Bill conhecia John Smeltzer muito bem depois de morar com ele na mesma casa por vários anos. Ele queria que as pessoas soubessem algo sobre o seu amigo. Era como se estivesse atraindo a audiência para junto de nós, convidando-a a entrar na intimidade da nossa vida em comum.

Depois de terminar o meu discurso, e das pessoas terem demonstrado a sua gratidão, Bill me disse: "Henri, será que posso dizer algo agora?" A minha primeira reação foi: "Ah, como vou lidar com esta situação? Pode ser que ele comece a divagar e crie assim uma situação embaraçosa".

Mas logo discerni a minha própria presunção, pensando que ele nada teria de importante para dizer e, então, eu disse para a audiência: "Sentem-se, por favor. Bill gostaria de dizer umas poucas palavras para vocês".

Bill pegou o microfone e disse, com todas as dificuldades que ele tem para falar: "Da última vez, quando Henri foi para Boston, levou John Smeltzer. Desta vez, me chamou para vir com ele para Washington, e estou muito contente por estar aqui com vocês. Muito obrigado". Foi só isto, e todos se levantaram e lhe deram calorosos aplausos.

Enquanto descíamos da plataforma, Bill me disse: "Henri, você gostou do que eu disse?" "Muito", eu respondi. "Todos ficaram realmente felizes com o que você disse." Bill ficou muito satisfeito. Quando as pessoas se reuniram logo depois para o lanche, ele estava mais solto do que nunca. Foi de pessoa em pessoa, apresentando-se e perguntando se tinham gostado da palestra. Contou uma porção de histórias sobre a sua vida na *Comunidade Daybreak*. Eu nem o vi por mais de uma hora. Ele estava ocupado demais conhecendo todo mundo.

Na manhã seguinte, no café da manhã, logo antes de sairmos, Bill andou de mesa em mesa com a xícara de café na mão, despedindo-se de todos aqueles que conhecera na noite anterior. Estava claro que ele fizera muitas amizades e que se sentia muito à vontade neste ambiente tão incomum para ele.

Na viagem de volta a Toronto, Bill tirou os olhos do seu livro de palavras cruzadas que leva para todo lugar que vai, e me disse: "Henri, você gostou da nossa viagem?" "Oh, sim", respondi. "Foi uma viagem maravilhosa e estou muito contente porque você veio comigo." Bill olhou para mim atentamente e disse: "E nós a fizemos juntos, não fizemos?"

Aí, então, compreendi de forma mais completa as palavras de Jesus: "Onde estiverem dois ou três reunidos em meu nome, ali estou no meio deles" (Mt 18.19). No passado, sempre fiz conferências, sermões, palestras e discursos sozinho. E sempre perguntei a mim mesmo quanto do que foi dito seria lembrado. Agora, comecei a compreender que provavelmente pouco do que eu dissera seria lembrado, mas que o fato de Bill e eu termos feito tudo juntos não seria facilmente esquecido.

A minha oração e esperança era que o mesmo Jesus que nos havia enviado juntos e que estivera conosco durante toda a viagem, teria feito a sua presença uma realidade para todos aqueles que se reuniram no Hotel Clarendon em Crystal City.

Quando o nosso avião pousou, eu virei para Bill e disse: "Bill, muito obrigado por ter vindo comigo. Foi uma viagem maravilhosa, e tudo que fizemos, fizemos juntos no nome de Jesus". E isto eu falei de coração.

Você se sentiu abençoado ao ler este livro?

A boa notícia é que temos muitas outras obras excelentes esperando por você.

A Editora Atos tem o privilégio de contar com alguns dos melhores autores do momento, incluindo vários best-sellers em nosso catálogo!

Visite agora nossa loja oficial e prepare-se para ser ainda mais abençoado.

www.osdiscipulos.com.br

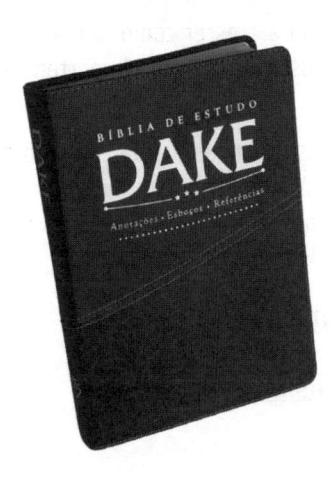

A leitura desta profunda obra foi uma experiência rica e impactante em sua vida espiritual?

O fundador da Editora Atos, que publicou este exemplar que você tem nas mãos, o Pastor Gary Haynes, também fundou um ministério chamado *Movimento dos Discípulos*. Esse ministério existe com a visão de chamar a igreja de volta aos princípios do Novo Testamento. Cremos que podemos viver em nossos dias o mesmo mover do Espírito Santo que está mencioado no livro de Atos.

Para isso acontecer, precisamos de um retorno à autoridade da Palavra como única autoridade espiritual em nossas vidas. Temos que abraçar de novo o mantra *Sola Escriptura*, onde tradições eclesiásticas e doutrinas dos homens não têm lugar em nosso meio.

Há pessoas em todo lugar com fome de voltarmos a conhecer a autenticidade da Palavra, sermos verdadeiros discípulos de Jesus, legítimos templos do Espírito Santo, e a viermos o amor ágape, como uma família genuína. E essas pessoas estão sendo impactadas pelo *Movimento dos Discípulos*.

Se esses assuntos tocam seu coração, convidamos você a conhecer o portal que fizemos com um tesouro de recursos espirituais marcantes.

Nesse portal há muitos recursos para ajudá-lo a crescer como um discípulo de Jesus, como a TV Discípulo, com muitos vídeos sobre tópicos importantes para a sua vida.

Além disso, há artigos, blogs, área de notícias, uma central de cursos e de ensino, e a Loja dos Discípulos, onde você poderá adquirir outros livros de grandes autores. Além do mais, você poderá engajar com muitas outras pessoas, que têm fome e sede de verem um grande mover de Deus em nossos dias.

Conheça já o portal do Movimento dos Discípulos!

www.osdiscipulos.org.br